MÉMOIRE JUSTIFICATIF

ULTÉRIEUR,

POUR les Citoyens J. M. DE SWERTE, C. DEVALERIOLA, B. MALFROID, respectivement Président & Juges du Tribunal criminel du département de la Dyle, à l'époque du 13 Prairial an V, dénoncés au Corps législatif, comme prévenus de forfaiture.

CITOYENS LÉGISLATEURS,

NOUS n'eussions jamais cru, qu'après avoir déduit à la barre de votre Assemblée, le 25 nivôse dernier, les motifs qui nous ont déterminés à porter le jugement du 13 prairial, pour lequel nous sommes dénoncés, nous aurions dû encore entrer dans des discussions ultérieures à cet égard; mais le contenu du rapport que la Commission vous a fait à la séance du 21 de ce mois, ne nous permet pas de garder le silence; notre intérêt personnel exige que nous ne négligions rien de ce qui est propre à établir notre justification : notre devoir nous l'ordonne

A

impérieusement ; nous sommes responsables de notre conduite au peuple, de qui émane notre pouvoir. Si le Législateur, comme le dit votre Commission, doit détourner l'avilissement & la déconsidération des Autorités constituées, le fonctionnaire public, de son côté, doit tendre au même but, en éloignant de lui toute idée de crime.

Nous sommes donc forcés à vous faire quelques observations succinctes sur ce rapport, qui, quoique défavorable, ne nous ôte cependant pas la confiance que la justice de notre cause n'a pu cesser de nous inspirer.

La Commission veut faire porter vos délibérations sur cette seule question : *Les Juges du tribunal criminel de la Dyle ont-ils suspendu ou empêché l'exécution d'une loi ?* C'est ainsi qu'elle veut écarter tout examen de la question intentionnelle ; c'est ainsi qu'elle vous propose d'établir l'existence du fait matériel de forfaiture, aux termes de l'article 644 du code des délits & des peines.

Elle convient cependant, qu'une telle position de la question *ne pourroit pas être indifférente dans un tribunal.*

Nous vous observons à cet égard, qu'il ne nous paroît pas que la position de la question puisse être plus indifférente devant vous que devant un tribunal ; il s'agit de prononcer ici sur l'honneur des Magistrats du peuple : peut-on être, citoyens Législateurs, trop circonspects dans la position d'une question aussi importante ? ne convient-il pas de la présenter sous son véritable point de vue ? sous celui même, en cas de doute, le plus favorable aux prévenus ?

Or nous croyons être fondés à soutenir que la principale question qui puisse vous être soumise est de savoir *si l'excès de pouvoirs, que le tribunal de Cassation a cru appercevoir dans notre jugement du 13 prairial, donne lieu à* FORFAITURE *contre nous.*

L'article 263 de la Constitution établit ce que nous soutenons à ce sujet, & nous l'avons, d'ailleurs, suffisamment démontré dans notre premier Mémoire ; nous y avons exposé à la dernière évidence, que vous n'avez pas à examiner si notre acte contient un excès de pouvoirs, mais s'il y a lieu à croire que nous aurions commis un excès de pouvoirs *sciemment & avec intention coupable.*

La base donc de vos délibérations, nous le répétons, doit être l'examen de la question intentionnelle ; nous ne craignons cependant pas l'examen de la question, telle qu'elle est posée par la Commission, car nous croyons avoir démontré incontestablement, par notre défense du 25 nivose, que nous n'avons ni suspendu ni arrêté l'exécution d'une loi.

Nous avons cru remplir notre devoir en examinant, avant de punir, si l'acte, que l'on nous proposoit d'appliquer, étoit une loi obligatoire. Il nous a paru qu'il résultoit du texte de la Constitution, que nous devions nous livrer à cet examen préalable. Nous ne sommes que les organes de la loi, & c'est elle seule qui doit être la règle de nos opérations ;

fans un tel examen, nous nous verrions douloureufe-
ment nécessités à décerner des peines contre nos juf-
ticiables, d'après des actes qui ne font pas lois ; en
outre, nous n'avons fait qu'exercer nos pouvoirs :
nous avons abfous ; & il eft dans le cercle de nos at-
tributions, d'abfoudre ou de condamner.

Ces mêmes moyens font développés dans notre
premier Mémoire, & la Commiffion n'y a porté
aucune atteinte ; elle s'eft bornée principalement à
prouver que la loi du 7 vendémiaire, telle qu'elle fut
publiée avant le 13 prairial, étoit obligatoire dans la
ci-devant Belgique.

Malgré le férieux examen que nous avons fait de ce
nouveau rapport, nous n'avons pu appercevoir qu'il
ait détruit les raifons qui nous avoient déterminés à
embraffer l'opinion contraire : il nous paroît que nos
moyens fubfiftent toujours dans leur entier. C'eft
pourquoi, pour ne pas abufer de votre temps par
des répétitions fuperflues, nous nous bornerons à
quelques obfervations fuccinctes fur les points les plus
effentiels du rapport, que nous n'avions pas cru néceffaire d'éclaircir précédemment.

« L'établiffement d'une loi préexiftante, dit la
» Commiffion, n'exige pas l'autorité du légiflateur ;
» le renvoi de l'art. 5 du projet de décret de réunion,
» ne peut être affimilé à un furfis ; & ce n'eft qu'im-
» proprement que le Directoire a employé ce terme,
» dans fon arrêté du 22 prairial. L'extirpation radi-
» cale de ce prétendu furfis fe trouve dans les arrêtés
» du 18 pluviôfe an 4, & du 26 Floréal an 5. Le

(5)

» Directoire a succédé au Comité de salut public pour
» l'exécution des lois ; il doit donc conserver la même
» action à cet égard. La loi du 3 brumaire an 4 ne
» détruit pas l'effet des lois françoises établies dans
» les départemens réunis, par les Représentans du
» peuple, & ne restreint pas le pouvoir du Directoire,
» pour les promulgation & exécution des lois dans
» la ci-devant Belgique. Le Corps législatif, les Au-
» torités constituées des pays réunis, le Tribunal cri-
» minel même du département de la Dyle, ont re-
» connu dans le Directoire le droit de publier les lois
» antérieures dans les départemens réunis ; le Corps
» législatif, 1°. par la loi du 16 fructidor an 4 ; 2°. en
» connoissant officiellement les publication & exécu-
» tion successives des lois françoises, d'après les divers
» arrêtés du Directoire exécutif, insérés dans le Bul-
» letin des lois ; les Autorités constituées & les Juges
» du Tribunal criminel de la Dyle, en ayant les mêmes
» connoissances, & en les exécutant.

» Les mêmes raisons, *continue la Commission*,
« répondent à l'argument tiré de l'altération de la loi
» du 7 vendémiaire an 4, puisqu'elle étoit également
» insérée dans le Bulletin des lois, cette loi n'étoit
» plus inconnue ; le titre entier relatif à la déclaration
» exigée des ministres du culte, se trouve inséré dans
» l'envoi de la loi, qui fut d'ailleurs intégralement
» comprise dans le Bulletin des lois qui fut précédem-
» ment envoyé aux départemens réunis. C'étoit d'ail-
» leurs par prudence que le directoire n'a fait publier
» qu'une partie de ladite loi du 7 vendémiaire ; une

A 3

» abolition subite des signes extérieurs de culte, des
» processions &c. auroit pu amener des rassemble-
» mens, que la force publique auroit eu peine à dis-
» siper........ »

A tous ces divers moyens que nous oppose la Commission, nous répondons, qu'il est vrai que l'établisse-
ment *d'une loi préexistante* se trouve dans ses promulgation & exécution ; mais la loi du 7 vendémiaire
dont s'agit n'étoit pas *préexistante* par rapport à la ci-
devant Belgique ; elle a été créée dans un temps où ce
pays étoit encore étranger à la France sous le rapport
de ses lois ; le principe de la Commission ne peut donc
être appliqué au cas, & nous avons cru pouvoir soutenir très-raisonnablement que de ce chef *l'établisse-*
ment de ladite loi dans la ci - devant Belgique étoit
un acte législatif.

Nous n'avons pu appercevoir dans le renvoi de
l'art. 5 du projet de décret de réunion , qu'un véritable *sursis* à l'exécution dans les neuf départemens
des lois antérieures à leur réunion. Nous nous sommes
confirmés dans cette opinion par l'art. 2 de la loi du
3 brumaire de l'an 4, & par les propres termes de
l'arrêté du Directoire, du 22 prairial , à qui nous ne
pouvions attribuer des expressions impropres : nous
n'avons jamais connu de loi qui ait fait cesser ce *sursis;*
pour le lever , il falloit cependant un acte législatif,
& les arrêtés du Directoire, du 18 pluviose & 26 floréal , ne pouvoient en tenir lieu.

Sans entrer dans la question de savoir jusqu'à quel
point le Directoire a succédé aux droits du Comité de

ſalut public, nous croyons qu'il ſuffit d'obſerver ;
que lors de l'exiſtence de ce Comité de ſalut public ,
la ci-devant Belgique étoit régie en pays conquis, mais
qu'ayant été depuis lors réunie à la France , le Directoire ne peut exercer à ſon égard , d'autres droits , que
ceux que lui délégue la charte conſtitutionnelle.

Nous n'avons jamais eu l'idée de ſoutenir que la loi
du 3 Brumaire de l'an 4 auroit détruit ou abrogé l'effet
des arrêtés des Repréſentans du peuple en miſſion ; &
à cet égard, nous ne pouvons nous diſpenſer de vous
obſerver , comme nous avons fait dans le temps, aux
membres de la Commiſſion, qu'il s'eſt gliſſé une
erreur , ou au moins une équivoque dans la rédac-
tion de la dernière partie de la réponſe à la 13ᵉ queſ-
tion qui nous a été faite à la barre de votre Aſſem-
blée.

Nous ne ſoutenons également pas que le Directoire , d'après ladite loi du 3 brumaire, ne pourroit
pas faire promulguer & exécuter dans les départemens
réunis les lois de la République *qui émanent ſucceſſi-
vement du Corps légiſlatif*, & jamais nous n'avons
élevé le plus léger doute à cet égard ; mais nous ſommes
bien loin d'appercevoir dans cette loi , une diſpoſition
impérative qui eût chargé le directoire de faire , à ſon
gré , l'établiſſement ſucceſſif des lois antérieures.

La loi du 16 fructidor an 4 ne nous paroît aucunement reconnoître dans le directoire, le droit de
publier ces lois antérieures dans la ci-devant Belgique ;
on ne ceſſe, pour l'établir , d'invoquer l'art. XIX de
cette même loi , qui porte : « que les lois relatives aux

» baux & à la vente des biens nationaux de l'ancien
» territoire , ... feront publiées , *fi fait n'a été ,*
» dans les départemens réunis , pour y être appli-
» quées aux biens dépendans defdites maifons ou
» établiffemens ». Mais nous vous obferverons qu'on
ne peut de cet article , fur-tout de ces mots , *fi fait
n'a été ,* induire aucun argument en faveur de ce
droit que prétend le Directoire , parce qu'il eft notoire qu'à l'époque du 16 fructidor an 4 , plufieurs
lois relatives à l'adminiftration des biens nationaux,
avoient été déjà publiées dans ces départemens ,
nommément celles du 17 pluviôfe & 4 ventôfe an 4,
émanées du Corps légiflatif après la réunion , &
d'autres par ordre des Repréfentans du peuple en mif-
fion dans la Belgique. C'eft donc erronément que
la Commiffion foutient *que le Corps légiflatif n'auroit précédemment prefcrit ou autorifé aucune publication , application , ou exécution de ce genre :* nous
ofons , de rechef , réclamer , à ce fujet , l'avis du
jurifconfulte Cambacerès , joint à notre premier mémoire juftificatif ; il y traite cette queftion avec toute
la clarté que l'on peut defirer.

On veut auffi établir ce droit fur le filence du
Corps légiflatif , qui , par l'infertion aux Bulletins ,
a dû connoître divers arrêtés du Directoire , qui or-
donnoient l'exécution des lois antérieures dans la ci-
devant Belgique , fans qu'il ait jamais fait aucune
réclamation à ce fujet : nous nous contenterons d'cb-
ferver que le filence du Corps légiflatif , n'a pu nous
paroître une loi ; ce filence n'a pu attribuer au Di-

rectoire un droit, qu'aux termes de l'art. XLV de la conſtitution, nous avons cru ne pouvoir lui être délégué, même par l'acte le plus formel.

On diroit envain que nous aurions nous-mêmes reconnu ce droit dans l'exercice de nos fonctions au tribunal criminel ; car, ſi l'on excepte notre jugement du 13 prairial, il ne s'eſt jamais préſenté aucun cas d'appliquer des lois antérieures publiées par ordre du Directoire ; & d'ailleurs, comment un juge peut-il, par ſon prononcé, reconnoître un droit que la conſtitution proſcrit ?

Nous nous réſumons, citoyens Légiſlateurs, & nous diſons qu'il ne nous paroît encore aucunement démontré que le Directoire ait été inveſti du pouvoir de rendre communes aux départemens réunis, les lois antérieures à la réunion. Mais ſuppoſons cependant le contraire, admettons même un inſtant avec la commiſſion, que, *par l'effet de cette réunion, les lois de la République étoient devenues communes aux pays réunis*, & qu'ainſi la publication en appartenoit au Directoire ; dans cette ſuppoſition, perſonne ne pourra diſconvenir qu'il ne pouvoit exercer, à l'égard de cette publication, d'autres droits que ceux que lui donne la conſtitution, à l'égard de la publication des lois poſtérieures.

Or il eſt notoire, qu'aux termes des lois de la République, le Directoire ne peut altérer, dans aucune de ſes parties, le texte d'une loi émanée du Corps légiſlatif ; il ne peut donc le faire à l'égard des lois antérieures ; aucun décret ne lui attribue,

& nous femble même ne pouvoir lui attribuer ce droit ; il nous paroît qu'il n'exifte même aucune raifon de lui départir un pouvoir auffi extraordinaire. Nous ajouterons encore, qu'il eft de principe immuable, que la loi eft *une & indivifible*, qu'elle doit être la même pour tous : fi donc il eft vrai que la réunion nous ait rendu communes toutes les lois antérieures, elles doivent nous avoir été communiquées dans leur entier, & on n'a pu en retrancher, à notre égard, la plus légère difpofition : dans l'efpèce, il ne s'agit pas du retranchement d'une difpofition indifférente, il s'agit du morcellement d'une partie tellement intéreffante, qu'il a rendu celle publiée effentiellement différente de la loi émanée du légiflateur.

Nous convenons avec la Commiffion, que le titre entier qui contient la formule de la déclaration exigée des miniftres du culte, fe trouvoit dans l'envoi qui nous fut fait de la part du Directoire exécutif ; mais on doit convenir auffi avec nous, que cet envoi ne contenoit pas tous les articles de la loi, & que nommément il ne contenoit pas un mot de fon préambule, de ce préambule qui dit expreffément, que les lois auxquelles il eft néceffaire de fe conformer dans l'exercice des cultes, ne ftatuent point *fur ce qui eft du domaine de la penfée fur les rapports de l'homme avec les objets de fon culte.........; qu'enfin cette déclaration n'eft qu'une garantie purement civique*, &c.

Il reſtreint donc ce préambule, la déclaration exigée des miniſtres du culte, & ſous ce rapport il la rend abſolument différente de celle preſcrite par l'extrait de la loi qui nous a été envoyé : les mots de ces deux déclarations, nous l'avouons, ſont les mêmes, mais le ſens de ces mots, qui par les expreſſions de la loi ſe trouvoit limité, eſt devenu tout différent par l'omiſſion du préambule.

La Commiſſion paroît vouloir inſinuer que la publication partielle de la loi du 7 vendémiaire a reçu l'approbation du légiſlateur, par l'inſertion qu'elle dit en avoir été faite au Bulletin officiel des lois. Nous répéterons à cet égard, que cet extrait de loi ne nous eſt jamais parvenu par la voie du Bulletin, mais ſeulement avec une collection très-nombreuſe d'autres lois recueillies en deux volumes par ordre du Directoire, & nous ne croyons pas même que cet *extrait* ait jamais été ainſi inféré audit Bulletin, avant l'époque du 13 prairial.

Si cependant il étoit vrai que la loi du 7 vendémiaire auroit été *intégralement* compriſe dans le Bulletin des lois, précédemment envoyé dans les départemens réunis, c'eſt un fait qui nous eſt abſolument inconnu, & en tout cas, il eſt certain, que ſi ces envois du Bulletin des lois ont précédemment eu lieu, comme le prétend la Commiſſion, ils n'ont été faits que pour inſtruire les autorités alors exiſtantes, que telle ou telle loi venoit d'être portée pour l'intérieur de la République, mais nullement à l'effet de rendre ces lois exécutoires dans la Belgique ; d'où il fuit à la dernière évidence, que le juge n'a pu y prendre aucun égard.

Mais ce n'est que par prudence, dit la Commission, que le Directoire n'a fait publier cette loi qu'en partie, & pour éviter les désordres qu'auroit pu entraîner la mise en activité de la loi entière; ce n'est peut-être pas à nous d'examiner dans leur détail les raisons politiques qui peuvent avoir engagé le Directoire à en agir de la forte, nous nous contenterons d'obferver que *la loi eft une pour tous*, qu'il n'y avoit rien à craindre de la fuppreffion de quelques folemnités extérieures du culte, qui avoient ceffé de s'exercer long-temps avant: nous dirons encore, que le 14 prairial, lendemain de notre jugement, le Directoire a pris un arrêté, par lequel il a ordonné la publication de cette loi du 7 vendémiaire *en entier* ; or, on ne peut raifonnablement fuppofer, qu'à cette époque, l'efprit public étoit différent dans la Belgique de celui qui y régnoit quatre décades auparavant, lorfque la loi a été publiée *par extrait* dans le département de la Dyle ; & en effet, l'évènement a prouvé que l'exécution *de la loi entière*, n'étoit aucunement de nature à troubler la tranquillité publique.

Nous n'avons pu nous empêcher, citoyens Légiflateurs, de vous faire ces obfervations ultérieures ; elles étoient commandées par la néceffité de notre juftification : nous avons dû les faire, pour vous prouver davantage, que nous avons eu des raifons invincibles pour croire, qu'en jugeant comme nous avons fait, nous ne pouvions nous rendre coupables *de la suspension ou de la non-exécution d'une loi*, qui ne paroissoit pas exister pour nous.

Nous ne nous étendrons plus sur les usages des ci-devant Magistrats de la Belgique, d'examiner avant tout, si l'acte qui leur étoit proposé comme loi, en réunissoit tous les caractères ; ni sur le reproche qui nous avoit été fait précédemment, de ne pas avoir référé au Corps législatif. La Commission paroît en résultat, nous rendre justice sur ces points. Voici les propres expressions consignées dans son rapport : *votre Commission ne peut cependant vous dissimuler, citoyens Représentans, que ces trois moyens lui semblent favorables, & méritent une grande attention.*

Nous vous observerons encore, que nous n'avons jamais eu la prétention de nous ériger, comme elle le dit, en vérificateurs de la régularité des lois de la République, nous avons toujours cru, qu'avant de punir, le juge ne pouvoit se dispenser d'examiner si l'acte, dont on demande l'application, est une loi.

Nous passerons actuellement aux moyens résultans de *l'exception de chose jugée*, à l'égard de laquelle il nous paroît qu'il ne sera pas inutile d'entrer encore dans quelques détails.

La Commission dans son rapport, a senti toute la force de cette exception, elle n'a pu se dissimuler, qu'il étoit de la dernière importance de ne jamais admettre que l'on jugeât deux fois sur le même objet, entre les mêmes personnes ; voilà cependant précisé-ment ce qui a eu lieu à notre égard, comme il nous sera très-facile de le prouver à la dernière évidence, malgré tous les efforts que l'on pourroit faire pour établir le contraire. Examinez, citoyens Législateurs, le jugement du tribunal de caffation du 18 fructidor, joint à notre premier mémoire, vous y verrez en termes exprès, que le feul motif de caffation de notre jugement du 13 prairial, a été un prétendu *excès de pouvoirs*, comment éft-il donc poffible que la Commiffion vous dife, que ledit tribunal n'a pris aucune attention à cette inculpation *d'excès de pouvoirs?*

Mais elle propofe une autre objection, elle dit que ce jugement du 18 fructidor *eft irrégulier :* fi cette propofition eft vraie, fi ce jugement du 18 fructidor *eft irrégulier*, dans ce cas, citoyens Législateurs, vous n'avez rien à prononcer; car alors il eft inconteftable que la caffation de notre jugement du 13 prairial an 5 (caffation qui n'eft prononcée que par le *feul* jugement du 18 fructidor) eft également *irrégulière :* or, il eft hors de tout doute, que ce n'eft qu'après une caffation préalable, régulièrement & conftitutionnellement prononcée par le tribunal de caffation, qu'il y a lieu à examiner la conduite du juge; il s'enfuit même, fi on admet avec la Commiffion, que le jugement du 18 fructidor eft *irrégulier*, que de ce chef feul, la dénonciation faite le 24 brumaire par le tribunal de caffation, doit être rejettée : on ne peut trouver de dénonciation légale lorfque la caffation eft irrégulière, parce que dans l'efpèce, la dénonciation eft toujours homogène, inféparable, & conftitutionnellement liée avec la préalable caffation.

(15)

Nous ne nous appefantirons pas davantage fur
cette exception favorable que nous préfente le rapport de votre Commiffion : nous vous obferverons
que ce jugement, dont nous n'avons jamais cru qu'on
pourroit contefter la régularité, avoit abfolument empêché toute pourfuite à notre charge. Nous ne répéterons pas les raifons que nous vous avons déjà expofées
dans notre premier mémoire pour établir cette grande
vérité ; mais nous vous dirons que ce n'eft pas une
objection foutenable, de dire que le commiffaire du Directoire près le tribunal de caffation fe feroit borné à la
fimple dénonciation de *l'excès de pouvoir*, & qu'ainfi
il n'auroit pas été éconduit de la dénonciation faite
à notre charge du *chef de forfaiture*, parce qu'il fuffit
de lire le jugement du 18 fructidor, pour fe con-
vaincre du contraire : on y verra qu'il cite dans fon
réquifitoire notamment l'article X de la loi du 24
août 1790.

Mais fuppofât-on même que ce Commiffaire du
pouvoir exécutif fe feroit borné à la fimple dénonciation *d'excès de pouvoirs* ; dans ce cas, citoyens Légiflateurs, il auroit véritablement rempli fon devoir ;
il ne pouvoit même rien faire de plus, attendu que
l'art. 262 de la Conftitution prefcrit au Directoire,
& par conféquent à fes Commiffaires, la marche que
l'on doit fuivre dans cette matière ; cet article lui
donne le *feul* pouvoir de dénoncer au Tribunal de caffation les actes par lefquels il y a lieu à croire que les
Juges auroient excédé leurs pouvoirs.

Une telle dénonciation uue fois faite, le Directoire a exercé à cet égard tous ses pouvoirs, & c'est ensuite aux termes de l'article 263 suivant, que le Tribunal de cassation a exclusivement le droit, 1°. d'annuller ces actes, s'ils contiennent effectivement excès de pouvoirs; 2°. d'examiner s'il y a lieu à une présomption de forfaiture; &, dans ce cas, de les dénoncer au Corps législatif. Il est donc palpable que le Tribunal de cassation est chargé de deux fonctions, savoir, de casser ces actes d'après le requisitoire du Directoire ou de son Commissaire, & d'examiner *d'office*, si ces mêmes actes donnent lieu à la forfaiture; d'où il suit à la dernière évidence, que le Commissaire du Directoire n'a aucun droit de faire un requisitoire sur ce second point.

Il reste donc certain que le jugement du Tribunal de cassation, du 18 fructidor, avoit anéanti toute action en forfaiture contre nous, & qu'ainsi, la dénonciation postérieure du 24 brumaire, ne peut être admise, sans admettre la subversion de la force de chose jugée, & par une conséquence nécessaire, la subversion de tout ordre social.

La Commission paroît attacher quelqu'importance à l'époque à laquelle a été porté le premier des deux jugemens du tribunal de Cassation (le 18 fructidor). Si cette époque a pu influencer sur ce jugement, on pourroit peut-être en tirer des conséquences qui ne pourroient nous être que favorables : on pourroit soutenir, qu'à cette époque même, il n'a pu trouver matière à forfaiture dans notre jugement du 13 prairial.

D'après l'examen de la question que la Commission avoit dit vouloir soumettre à vos délibérations, nous devions croire que nous aurions pu terminer ici notre défense; mais nous voyons avec étonnement que la Commission, après avoir dit au commencement de son rapport, *que le Corps législatif ne doit rien précipiter sur la question intentionnelle*, le termine cependant en vous la soumettant comme question principale; elle vous la présente même sous les traits les plus odieux : on ne balance pas de nous mettre en parallèle avec les conspirateurs royaux du 13 vendémiaire & du 18 fructidor ; & si on ne dit pas expressément que nous sommes leurs complices, notre jugement n'évite pas la dénomination odieuse de *séditieux*, & on n'hésite pas de dire qu'il contient un plan de révolte. Quel est le fondement, citoyens Législateurs, de cette inculpation grave ? Quel est le fait sur lequel elle est basée ? Nous n'en connoissons aucun, & nous devons le dire, parce qu'il s'agit de défendre notre honneur, la Commission n'en peut également alléguer aucun. Voilà cependant des Magistrats du peuple, dont, comme dit la Commission, on doit tâcher de détourner les soupçons, l'avilissement & la déconsidération, qui se trouvent, sans preuve, inculpés des crimes les plus graves devant vous, & par conséquent aux yeux de la Nation entière !

Ces foupçons calomnieux ne réfultent certaine-
ment pas de notre défenfe produite à la barre de votre
Affemblée; s'ils réfultent de notre jugement même
ou de notre conduite privée, il auroit fallu nous
pourfuivre de fuite; il entre dans le cercle de nos
devoirs, citoyens Légiflateurs, de donner le défi le
plus formel, de produire la moindre preuve que ces
inculpations pourroient, avec juftice, être dirigées
contre nous. En portant notre jugement du 13 prairial, nos intentions ont été pures, & nous ne ceffe-
rons jamais de dire que nous n'avons fuivi que le cri
de notre confcience. Peu importe que ce jugement
ait été porté en faveur d'un prêtre, comme on femble
nous le reprocher; car ce prêtre étoit homme : il
avoit donc un droit à la protection des lois & de la
juftice. Nous ne confidérons pas les qualités des per-
fonnes; nous n'examinons que les faits & les principes; nous fommes imbus de cette maxime facrée:
Qu'aux yeux de la loi tous les hommes font égaux.
Peu importe que ce foit dans le feul cas de la caufe
d'un prêtre que nous ayons émis les principes dévo-
loppés dans notre jugement : la raifon en eft fort
fimple, c'étoit la première & la feule caufe qui nous
a été foumife, dans laquelle il y avoit lieu à examiner
ces mêmes principes. Or il eft conftant que ce n'eft
qu'en jugeant, que les tribunaux peuvent exercer leurs
fonctions.

Nous croyons, citoyens Légiflateurs, pouvoir

borner ici nos moyens de défense ultérieurs : nous attendons votre décision avec confiance.

Salut & respect.

J. M. DE SWERTE.
C. DEVALERIOLA.
B. MALFROID.

28 Pluviôse an 6.

De l'Imprimerie de STOUPE, rue de la Harpe, an VI.